RECUEIL

DE PIECES

D'ELOQUENCE,

SUR LA CALOTTE

DU ROY PRIAM.

M. DC. XCVIII.

MERCURE.

AUX ACADEMIES
de Meßieurs les Otioſi,
& les Fantaſtici.

APollon & les neuf Sœurs m'ont député pour vous preſenter cette Calotte du Roy Priam ; ayant differé à donner leur jugement en faveur de l'un où de l'autre party aprés vôtre ſuffrage. Recevez , Doctes , cét Ordre comme vous le devez ; pendant que je vais au Parnaſſe rendre conte de ma Commiſſion & de vos obeïſſances.

PREMIERE LETTRE
ECRITE A MONSIEUR ***.

EN arrivant de Paris, Monſieur, j'aprens icy que vous êtes non ſeulement le Coriphée de la do-
cte Academie Françoiſe de Caen; mais que vous pourriez briller dans celle qui doit ſon être au grand Armand, au deſſus de la pluſpart de ceux qui paſſent pour en être les plus vives lumieres. Ne trouvez donc pas mauvais, Monſieur, ſi je vous prie de m'aplanir deux difficultez qui partagent depuis plus de ſix mois tous les illuſtres Sçavans qui compoſent cette derniere, dont Meſſieurs de Benſerade le moderne, & l'Abbé de Scudery, me vinrent entretenir à mon départ. La premiere queſtion eſt de ſçavoir de quelle matiere étoit la Calotte de Priam. Mademoiſelle de Scudery aſſure qu'elle étoit de Satin de la Chine, & que ce fut un preſent de la belle Helene ſa belle fille; & ſuit en cela le ſentiment d'Afriſius dans ſes Archomenes. Feu Madame de Villedieu en étoit auſſi. Feu Monſieur ***

d'heureuſe memoire, qui mettoit le Mino-
taure à tout, ainſi que ſon Ode du Palinod
en fait foy, ſoûtenoit qu'elle étoit faite de
la peau de la teſte de ce monſtre ; en quoy
il a été l'unique. Monſieur le Charpentier
croit, avec Goloſſander, au troiſiéme livre,
chap. II. de ſes Chiliades, que c'étoit un
morceau de la peau du ſerpent Pithon. Un
autre, avec Averroës, que c'en étoit un du
Dragon de Cadmus. Feu Moreri, dans le
ſeptiéme Livre de ſes queſtions, vouloit
que ce fut d'un maroquin fait de la peau
du Taureau de Marathon. Enfin beaucoup
d'autres, avec Appian Alexandrin, jurent
leurs grands Dieux que c'étoit un preſent
fait par Jupiter à la mere de Dardanus premier Roy de Troye ; & que de pere en fils
elle étoit parvenuë à Priam dernier Roy de
cette Monarchie.

L'autre queſtion eſt touchant l'épée d'Hector, que pluſieurs veulent, avec le veri-
table Auteur du Chevalier du Soleil, être
la Durandal de Roland. D'autres, avec Ma-
crobe & Laurens, veulent avoir été la même dont S. Pierre coupa l'oreille de Mal-
chus : Et le reſte, avec Viginere, dans ſa
Traduction de Calcondille, aſſure que ça
été celle du grand Scanderberg. On s'eſt
fortement échauffé dans cette diſpute ; &
il eſt arrivé, à l'ordinaire de ces ſortes de

Contestations, que rien n'a été décidé. C'est à vous, Monsieur, à prononcer, un chacun déferera à vos sentimens ; je vous en donne ma parole , & suis persuadée que vous êtes trop obligeant pour me refuser cette grace. Vôtre réponse servira de décision , & vous prendrez la peine de l'adresser à Monsieur des Yveteaux à Falaise: En l'attendant je vous proteste, Monsieur, que je ne négligeray jamais la moindre occasion de vous marquer que je suis vôtre trés-humble & trés-obeissante servante

ISABELLE V. DE S.

De Falaise. En Septembre.

REPONSE DE MONSIEUR ***.
à la premiere Lettre.

J'Ay reçû, agreable Thalie, vôtre Lettre avec beaucoup de plaisir, elle fut ouverte en la presence de Messieurs d'Habloville d'Espins, le Gardeur, & de Bernieres, qui me faisoient l'honneur de dîner chez moy. Je consultai Mr d'Habloville sur les deux questions proposées ; il me dît , pour la premiere , que l'Auteur du Virgile travesty avoit regardé cette Calotte comme un vieux meuble de la famille de Priam ; & qu'elle luy étoit venuë par succession de

Bisayeul de son grand pere, qui étoit Dardanus. Pour la matiere, je crois que c'est un tissu de ces filets qui fixoient la moelle du cerveau de la fabuleuse Chimere, que défit Bellerophon monté sur le cheval Pegaze : J'ay pour garant Calot fameux Peintre Lorrain , dans ses Grotesques ; & il y a de beaux Monumens de cette verité dans le Vestibule du Palais de Morphée, où l'on voit tant de monstres , des Coque sigruës , des Hypogriffes , des Satyres, des Centaures , des Sphinxs & des Dragons.

Pour la question de l'Epée d'Hector , il y a tres-long temps que je n'ay vû le Chevalier du Soleil * Merlin, Maugis, Daigremont , Gerileon , Palmerin , Dolive , & je suis même hors d'état de les consulter, depuis que Sorel dans ses remarques sur le treiziéme Livre de son Berger Extravagant, en décidant sur leur merite, les a condamnez à servir les Beurrieres. Ce que je puis donc presentement, agreable Thalie, pour la décision de cette derniere question , c'est de vous renvoyer à la lecture d'un Traité intitulé † *La nouvelle Allegorique*, qui renferme le Combat ingenieux de Galimathias contre la raison. L'Épître de Marot, inti-

---

* Vieux Auteurs de Romans.
† Ce Livre a été imprimé.

tulée du *Coq-à-l'âne*, vous donnera encore une ample inſtruction ſur ce ſujet. Au reſte ſi j'avois quelque Foy pour les Urgandes & les Alquifs d'Amadis, je les conſulterois pour ſçavoir quelle eſt la ſçavante Iſabelle, à qui je dois cet heureux défy; à tout hazard & pour peu que la Metemphicoſe fut ma Theologie; je croirois que ſous la figure d'une grande Nymphe brune, le genie de feu Monſieur & *** reviendroit icy me défier au Combat; mais c'eſt trop de myſtere; ces obſcuritez ne ſont agreables qu'autant qu'elles nons promettent l'évidence d'une verité cachée. Tirez le rideau, ſpirituelle Thalie, & daignez me faire connoître la perſonne du monde que j'honore le plus, & à qui je ſuis, avec tout le reſpect & l'eſtime que je dois,

Le trés-humble & trés-
obeïſſant ſerviteur.

D'Angoville; au mois
de Septembre.

SECONDE LETTRE,

ECRITE A MONSIEUR ***.

VOSTRE admirable Lettre du 28. de Septembre m'a été envoyée icy de Paris, où à peine ay-je pû achever mes affaires que Madame la Comtesse de ***. m'a engagée le plus obligeamment du monde à l'accompagner en Province. Sans la pénétration de ma bonne amie Mademoiselle le Chevalier, une si belle chose eût été perduë, dont je ne me serois jamais consolée : Je l'ay lûë plus de cent fois, & à la centiéme je me suis récriée sur tous ses beaux endroits comme à la premiere : mon amour propre & ma gayeté naturelle me l'ont fait prendre pour moy ; quoiqu'il soit incertain si elle s'adresse à Thalie Muse de la Comedie, ou à la seconde des Graces. Tout ce que j'y trouve à dire est, Monsieur, de vous y voir citer deux aussi mauvais Auteurs que Furetiere & Sorel : Personne n'ignore que le premier a été chassé de l'Academie Françoise comme un voleur ; son

nom derivé de FUR en fait foy. L'anti Furetiere de l'Abbé Tallemant *in octavo*, l'a si
bien tourné en ridicule & en ignorant ;
qu'il n'y a plus que les Droguistes qui veulent de son Dictionaire Universel. Pour
Sorel qui entre quinze & seize ans compo-
sa son Berger extravagant ; il le devint à
dix-sept : & tout Paris l'a vû mourir aux
petites Maisons. Vous traitez un peu le-
gerement de vision chimerique & de gali-
matias les deux questions que je vous ay
proposées; ce sont cependant des jeux d'esprit, qui ont été agitez plus d'une fois. Le
Docte Joseph de Lescale, dans sa disserta-
tion des Disputes Frivoles , raconte tout
au long que de son temps tous les Profes-
seurs de l'Université de Sienne furent par-
tagez touchant la Calotte de Priam; qu'ils
en vinrent aux injures & presqu'aux coups ;
& que cela fut allé plus loin si le celebre
Docteur Godnogrismus, pour lors Recteur,
ne leur eût fait comprendre dans une As-
semblée que cela n'étoit d'aucune consequence pour la découverte des Sciences &
pour l'intelligence des Auteurs : & par ba-
dinerie on a relevé depuis peu cette question à l'Academie. Cornelius Agrippa lib.
2. *de occultâ philosophia art. de Characte-
ribus* , dit qu'elle étoit de la peau d'un Farfadet , & que Pyrrus en fit un Talisman

pour se faire aimer d'Andromaque. Monsieur d'Abloville s'est trompé dans sa Filiation ; puisque l'Auteur du Virgile travesti , dit qu'elle venoit du Bisayeul de l'Ayeul de son tris-Ayeul ; & qu'ainsi il falloit qu'elle décendit de plusieurs têtes au dessus de Dardanus ou d'Electra. Le Pere Bizance trés-vertueux Prêtre de l'Oratoire, autrefois Icoglandibrahim, qui fut pris par les Galeres de Malte , avec une des Odalisques & un Fils de ce Sultan , allant à la Mecque, m'a assurée qu'elle est dans le tresor du Grand Seigneur, * au dessous de la Hireaca de Mehemet; qu'elle fut trouvée parmy de vieilles hardes dans le Palais de Troye , quand les Turcs prirent cette Ville ; & qu'elle est du cuir d'un enfant mort né.

Au reste, Mr. ce n'est pas dans le Chevalier du Soleil qu'il est fait mention de l'Epée d'Hector, mais dans le Roman des Roman ; dont l'Auteur l'a fait conquerir par Alcidamant, quand il détruisit un Palais Magique, & tira Dom Galaor de Trebisonde d'une prison de Cristal , dans laquelle il étoit retenu par enchantement depuis deux cens ans. Et moy, Monsieur, je puis vous assurer qu'étant à Chantilly avec la spiri-

---

* Robe blanche de Mahomet.

tuelle Mademoiſelle de Clinchemore, ſœur de Madame de Villedieu , on nous fit voir une longe & large Epée trés-peſante d'un Connêtable de Montmorancy, ſur laquelle il eſt écrit en Grec qu'elle a appartenu à Hector, qu'il en fit un preſent à Ajax aprés leur long & indecis Combat ; & que ce fut d'elle dont ce dernier ſe tua , outré de ce que les Grecs ne luy avoient pas ajugé les armes d'Achile.

Je change de matiere , pour vous prier de m'inſtruire touchant les Sylphes , les Sylphides Nymphes, Ondins , Salamandres mâles & femelles, Gnomes & Gnomines , peuple dont il eſt tant parlé chez les Cabaliſtes ; & de me mander de quelle eſpece de ces gens-là vous croyez qu'étoient la Meluſine de ſaint Gelais & la Fée des Argouges. On s'entretient de tout cecy tous les jours parmy nos Sçavans : Je vous demande la même grace touchant l'Etymologie de Caraffe , meuble ſi fort en uſage ; quelques-uns la tirent des Caraffes d'Italie ; & veulent qu'un d'eux ait aimé ſur tout cette ſorte de Vaſe : d'autres du mot Arabe Karaffkeirgss, qui ſignifie bouteille. J'en défereray à vôtre ſentiment plus qu'à tout autre. Deſabuſez-vous, s'il vous plaît, que mes Lettes ſoient un défy. Je ne m'en fais pas aſſez acroire pour porter le

guet à pens jusques-là, & quand je me donne l'honneur de vous écrire, ce n'est qu'en
intention de profiter de vos sublimes lumieres & de vos épanchemens d'esprit. Je
vous supplie, Monsieur, de n'en être pas
chiche en mon endroit, & d'être fortement persuadée que je suis vôtre trés-humble & trés-obeïssante servante

ISABELLE V. D. S.

Du Bourg Daverton,
    ce 19, d'Octobre.

REPONSE A LA SECONDE
Lettre. Par Monsieur ***.

IL n'importe, agreable Isabelle, que
vous soyez l'Original ou la Copie de
Mademoiselle de ****, & consequemment
Thalie la seconde des Graces, ou Thalie la
Comique. C'est au respect que l'on doit à
ce nom à qui j'adresse mon trés-humble re-
merciement, sur le pompeux éloge par où
vous commencez : Et passant à la Critique
j'ose vous assurer que les sublimes lumieres
dont vous me flâtez, se disputent déja la
gloire de ces épanchemens que vous avez
paru souhaiter sur les questions de vôtre
Lettre. Monsieur Furetiere est celuy que
vous y attaquez le premier; vous l'accusez

d'être un voleur , & vous prouvez le fait par les trois premieres Lettres de son nom. Ce raisonnement est trop badin , pardonnez-moy ce terme, pour une décision si importante. Mr Furetiere n'a rien volé à l'Academie; il s'est justifié de ce reproche dans son premier Factum , avec toute la force & toute l'évidence necessaire: Il a dans ce dessein fait imprimer des Extraits des Dictionaires de l'Academie, de Richelet & de l'Universel qu'il composoit, avec leurs Paralelles , il a demandé des Commissaires pour les examiner, & toute la France a vû l'injustice de cette accusation. Le second reproche qui est d'avoir été chassé de l'Academie, est encore traité dans son second Factum : où il fait voir qu'étant dans l'estime de Monsieur le Cardinal d'Estrées, de Monsieur l'Archevêque de Paris, de Messieurs de Meaux & d'Avranches , de Messieurs les Ducs de Coaslin & de saint Aignan, de Monsieur le premier Président , de Monsieur le Président de Mesme, de Messieurs les Comte de Bussi & Marquis d'Angeau , de Messieurs de Villager , Pelisson , Flechier, Corneille , Racine & Despreaux , qui faisoient sans doute la plus belle & la premiere partie de l'Academie : Et que n'ayant pour adversaires que Messieurs Desmarets , Charpentier, Tallemant, Boyer &

le Clerc : il n'étoit pas en effet séparé du
Corps puifqu'il tenoit encore à la meil-
leure partie ; & que s'il avoit abandonné
ces derniers, qui occupoient ordinairement
le Bureau , ce n'étoit que pour éviter de fâ-
cheufes conteftations dans la Salle du Con-
feil du Roy , pour laquelle ils devoient
avoir un refpect inviolable. Son fecond Factum le juftifie de cette prétenduë confu-
fion ; & le témoignage des deux Meffieurs
les Abbez Tallemant , ou du Sieur Charpentier dans fon Dialogue contre Monfieur Furetiere , pour en prouver le ridicule
& l'ignorance , eft fufpect : ce font fes Par-
ties ; & les reproches contre leurs accufa-
tions fe peuvent voir dans la huitiéme &
la dix-feptiéme page de fon fecond Factum.
Mais ce qu'il y a de décifif pour Monfieur
Furetiere eft que l'Academie Françoife en
donnant fon Dictionaire au Public, n'a re-
pris dans celuy qu'il a compofé en trois Tomes, que les mots de Baromettre, d'Eftio-
mene, de Media-noche, de Vare, de Thon-
nine, de Tamarin & de Zedaire , dont elle
condamne ou l'Orthographe , où l'Etymologie , ou la fignification , ce qui eft une
grande preuve de la bonté du refte de ce
Livre. Mais où font les Ouvrages exemts
de Cenfures ? l'Academie Françoife , malgré fa profonde érudition , le temps & l'é-

xactitude qu'elle a donnée à son Dictionaire n'a pû s'en exempter ; & l'on me dit
actuellement que l'on debite une Critique
contre ce bel Ouvrage.

Ce que vous m'écrivez du Sieur Sorel n'a
pas plus de poids contre sa réputation. Il
condamne fort à propos le Chevalier du
Soleil ; il dit que peu de personnes s'amu-
sent à lire ce Livre, où il n'y a rien de vray-
semblable, & que l'Auteur n'a pas mis son
nom exprés, de peur d'avoüer qu'il avoit
perdu son temps à faire une sottise ; aprés-
quoy il s'étend sur les pauvretez du Livre
& les montre au doigt. C'est dans ses Remarques sur le treiziéme livre de son Berger Extravagant. Au reste le Sieur Sorel,
qui dans ce Roman avoit entrepris de rendre son Berger sage par les propres maxi-
mes de la folie, n'a pas eû la destinée que
vous m'écrivez. J'ay vû des Dames de la
vieille Cour qui le connoissoient particu-
lierement, dont le témoignage sur les cir-
constances de sa mort est trés-contraire à
vôtre sentiment ; & un de mes amis m'a as-
suré que depuis son Berger extravagant il
avoit composé d'autres Livres qui étoient
estimez. A propos du Chevalier du Soleil,
vôtre correction retombe sur vous même ;
vous seule l'avez cité dans vôtre premiere
Lettre touchant l'Epée d'Hector, que je

trouve trés-bien entre les mains d'un Mon-
morancy Connêtable , étant l'ornement de
cette premiere Charge de la Couronne.
J'ay lû aussi avec plaisir la Conquête qu'en
fit Alcidamant en delivrant Dom Galaor :
& tout cela joint à la Prison de Cristal &
au Palais Magique , est d'une riche inven —
tion , & fait un bel enchaînement avec ce
que les Grecs nous ont écrit de cette Epée
fatale.

Mais je commence à m'appercevoir qu'à
l'exemple de Lutrîn de Monsieur Despreaux , on pourroit faire un Roman sur la
Calotte de Priam : Et comme cet Ouvrage
tiendra de l'épopopée , & que pour la
beauté des incidens on y doit voir du sur-
prenant & du merveilleux. Le Farfadet
d'Agrippa y entrera trés bien avec les peu-
ples Elementaires , les Gnomes , les Ondins, les Sylphes, les Sylphides , & les Salamandres. Mais sur tout dans ce Burlesque,
où la bagatelle sera traitée serieusement,
l'on doit s'éloigner des defauts de l'Auteur
du Virgile travesti. Remarquez dans l'Art
Poëtique cet Auteur dans ce passage, *elle
venoit du Bisayeul , de l'Ayeul , de son
tris-Ayeul* , donne sans raison neuf degrez
de succession à la Calotte dans la famille de
Priam; & il est trés-vray que cela ne se peut,
y comprenant même Saturne, qui selon Ca-

lepin , *à Poetis fingitur antiquiffimus Deorum* : il eft donc plus à propos de ne commencer qu'à Dardanus l'origine de cette fucceffion , comme on a fait dans la premiere réponfe , de peur de chercher la Calotte au deffus des Dieux même. .

La Conteftation que vous rapportez de l'Univerfité de Sienne a trop peu de vrayfemblable pour entrer dans ce Poëme, & je ne crois pas que Monfieur l'Abbé de Scudery & vôtre Monfieur de Benferade le Moderne, veüillent l'autorifer. D'ailleurs leur nom n'étant point dans la Lifte des quarante Academiciens , comme vous le prétendez dans vôtre premiere Lettre , ils n'en feroient pas crûs. Ce Rôle fera beaucoup mieux foûtenu par Meffieurs les *Otiofi* & les *Fantaftici*. Si vous aviez, agreable Ifabelle, confulté la Sapho du Siecle & les huit autres Mufes de la celebre Academie de Padouë, elles vous auroient dit fans doute que toute cette Hiftoire de Godnogrymus eft Apocryphe , & qu'il n'en a jamais été parlé à Rome dans la boutique de feu Maître Pafquin.

L'Epifode , dont vous vous fervez pour placer la Calotte dans le Trefor du Grand Seigneur , ne doit pas non plus entrer dans ce Poëme, & l'autorité du Pere Bizance eft trop foible , s'il avoit fait le voyage de la

Mecque, il vaudroit à la verité trois Té-
moins, suivant l'Alcoran dans la Zoare,
ou le Chapitre XXXII. Mais cela n'étant
point *vox unîus vox nullîus* : Et vous ne
trouverez aucune authorité dans l'Alcoran,
dans le Livre Mehemmedini, & dans la
compilation des six tomes in folio, qui font
le Suplément de l'Alcoran. L'on y parle à
la verité d'un Soulier de Mahomet, doré &
suspendu à la voûte de la Mosquée de la
Mecque , mais non pas de la Calotte de
Priam. Dailleurs ce fait est contraire à l'u-
sage des Turcs, à leurs traditions pour les
Turbans, dont ils ne se seroient jamais ser-
vis au préjudice de la Calotte , si elle avoit
eû chez eux le rang que vous luy donnez,
& s'ils l'avoient trouvée comme vous le
prétendez dans les ruïnes de l'ancienne
Troye , lors qu'ils entrerent dans l'Asie
Mineure.

Sans vous arrêter donc à cette question,
pour vous mettre sur les bras tous les Geo-
graphes & les Historiens, qui ne pourroient
souffrir qu'on leur reprochât une obmission
de cette consequence. Il faudroit dans ce
Poëme faire paroître vôtre Farfadet present
à l'embrasement de Troye , conjurant la
perte de la Calotte, des insultes duquel
un obligeant Salamandre l'ayant deffenduë,
elle seroit portée par un des premiers Syl-

phes à Antandros, lieu de l'embarquement d'Enée , & dépofée dans la Garderobe du venerable Anchife , comme un précieux Monument de la Maifon Royale de Troye: Et pour en continuer le ferieux , dans cet endroit du Poëte ,

Jamque ibat dicto parens & dona cupido ,
Regia portabat Tyrijs , dyce lætus Achate;

Je la ferois porter en Ceremonie dans Cartage par Acate , comme Grand Maître de la maifon d'Enée , à la tête du Cortege du jeune Prince Troyen : Là elle paroîtroit doublée d'une étoffe de couleur de pourpre Tyrienne , de la grandeur d'une Calotte à oreilles , chargée des Buftes des Rois Troyens , qui prouveroient fon antiquité depuis Electra ; elle feroit enfuite transferée en Italie avec le Sang Troyen , & fequeftrée dans Rome fous les bazes des Statuës de Marfore ou de Pafquin , gardée par un Prince des Gnomes que Momus y auroit commis.

Mais pour cela il ne faudroit pas la laiffer perir dans ce fameux naufrage , où le Poëte dit

Arma virum tabulæque & Troja gaza per
undas.

Un de vos Ondins la preferveroit de ce malheur , & au *quos ego* de Neptune , ce

Dieu des Eaux en feroit un prefent à Enée au bout de fon Trident.

Levat ipfe Tridenti.

Le Caraffe dont vous me parlez ne fera pas inutile dans ce Poëme, étant pleine d'eau, elle pourra fervir au peuple Elementaire à rendre quelque Oracle femblable à celuy-cy.

ORACLE.

Pour penetrer dans l'Origine,
Et de Fée & de Melufine;
Plus obfcure en nos jours que n'eft celle des
Lys,
Ifabelle lifez le fçavant Gabalis.

A propos de Gabalis, s'il n'a pas parlé expreffément de la Fée des Argouges, il a laiffé à deviner que c'étoit une Sylphide, puifque les Peintres qui en font le Cimier des Armes de cette Maifon, luy mettent à la main un miroir, dont ces habitans de l'air fe fervoient autrefois pour rendre leurs Oracles : & peut-être que ce trait d'Hiftoire Genealogique a été controuvé dans la maifon des Argouges par nos vieux Romanciers inventeurs des Fées, à l'occafion de Robert d'Argouges, qui aprés avoir tué le Chevalier Bruin au Siége de Bayeux, fe retira à la Poüille dans le XII. Siécle, & y fit des merveilles. Ainfi la licence du Poëte incitée par le Peintre, aura été le fondement de ces diſtinctions de famille , qu'on n'a pas oubliées dans les Blazons : *Pictoribus atque Poetis* , & cela ſe peut appliquer aux Maiſons de Luzignan & de Cleves.

Pour l'étymologie de Caraffe , demeurons-en à l'origine Italienne , ſi vous m'en croyez. La nation eſt en poſſeſſion de ce mot ; & le Dictionaire Italien de Jean-Antoine Fenice , imprimé en 1584 , a expliqué en François les mots de *Caraffa* & de *Caraffaro* , par ceux de *Bouteille* , de *faiſeur de Bouteille* , c'eſt delà que nous avons fait Caraffe. Pour le mot Arabe , dont on prétend que l'Italien Caraffa eſt venu , l'on n'en convient pas , il y a deux opinions ; vous y en pouvez joindre une troiſiéme , mais ſans un acte de notorieté des Beglierbeïs ou des Xerifs d'Arabie , ſur l'uſage de vôtre Karaffskeirgss , je ne prévois pas que ce troiſiéme parti entre même en concurrence avec l'Auteur de l'origine Allemande qui eſt la moins ſuivie.

Je finis par ce vers d'Ovide parlant à Erato.

Docta quid ad Magicas Erato converteris artes ,

Pourquoy, Thalie, faites vous ſervir à Pyrrus la Calotte de Taliſman , l'uniſſant avec Andromaque ? car ſi l'on en juge par l'Hiſtoire contre l'autorité d'Agrippa, An-

dromaque auroit eu plus befoin de Talifman , puifque Pyrrhus l'abandonna pour
époufer Hermioné. Mais Talifman à part,
Pyrrhus étoit un beau Prince, *Æacides
Pyrrhus fic dictus à fulvo colore capillo-
rum* , il décendoit de Jupiter par le jufte
Roy Eaque, Pelée & Achille; il s'étoit fignal-
é trés-jeune au Siége de Troye, dont la
ruïne étoit attachée à fa valeur & à fa con-
duite : Et Andromaque, quoique Fille &
Femme de Roy, fift en femme fage de l'é-
poufer ; elle ceda au temps & au merite,
qui font les veritables Talifmans.

C'eft , agreable Ifabelle ,

Vôtre trés-humble & trés-
obeïffant ferviteur ****.

Dangoville ; en Decembre.

EXPLOIT FAIT PAR MERCURE
à Mr. *** pour l'obliger à rendre
la Calotte de Priam.

A L'AUTEUR.

MOy souffigné Porte-baguette,
Des Dieux le Nonce & l'Interprette;
Parrain en titre des Bandits,
Qui passe les jours & les nuits
A d'importantes Ambassades,
Subtil inventeur de Cassades;
Vieux Messager & vieux Routier,
Qui sçais tous les tours du métier,
Portant aisle aux pieds, à la tête,
Je déclare qu'à la requête
D'un Sire Academicien,
Qui m'élût pour Praticien,
Et déclara son domicile,
Au Parnasse de cette Ville,
A Caen : D'Helicon, à ses frais
Je me suis rendu tout exprés
Pour sommer Monsieur *****
De luy rendre certain Chef-d'œuvre,
Dit la Calotte de Priam,
Plus celebre icy qu'à Siam.
Faute dequoy je luy dénonce
Qu'en vertu de cette semonce,

S'il ne satisfait dans trois jours,
Malgré subterfuge & détours,
Sur luy sera pris contumace,
Aux prochains grands jours du Parnasse,
Où pour profit l'on jugera
Que ledit Sieur rapportera
Ce fameux écrit qu'on dénotte,
Par le titre de la Calotte.
Autant du present mon Exploit,
A luy délivré sous son toit.
Le vingt-trois May, depuis l'Aurore,
Afin que du tout il n'ignore,
N'ayant pour assistance alors
Que les deux Serpens mes Records.
Ce fait, sans glose & sans rature,
Soit Controllé. Signé Mercure.

REPONSE DE MONSIEUR *****.

MOnsieur l'Academicien,
Vous n'êtes pas Praticien,
Vôtre Exploit n'est pas en forme ;
A tort vous m'avez attaqué,
Le papier n'en est point marqué,
Et le Controlle y a manqué :
J'y réponds donc. Attendez-moy sous l'Orme.

F I N.